© éditions Alternatives
5, rue de Pontoise 75005 Paris, 1997

HOMMES DE PIERRE

PHOTOS

VÉRONIQUE WILLEMIN

avec la collaboration
du sculpteur MICHEL FERRAND

ÉDITIONS ALTERNATIVES

« Si je juge qu'un statuaire (…) peut se borner à représenter de la chair qui palpite, sans se préoccuper d'aucun sujet, cela ne signifie pas que j'exclue la pensée de son travail, si je déclare qu'il peut se passer de chercher des symboles, cela ne signifie pas que je sois partisan d'un art dépourvu de sens spirituel. Mais à vrai dire, tout est idée, tout est symbole. Ainsi les formes et les attitudes d'un être humain révèlent nécessairement les émotions de son âme. Le corps exprime toujours l'esprit dont il est l'enveloppe. Et pour qui sait voir, la nudité offre la signification la plus riche. »

RODIN, 1879 *Lettre à Paul Gsell*

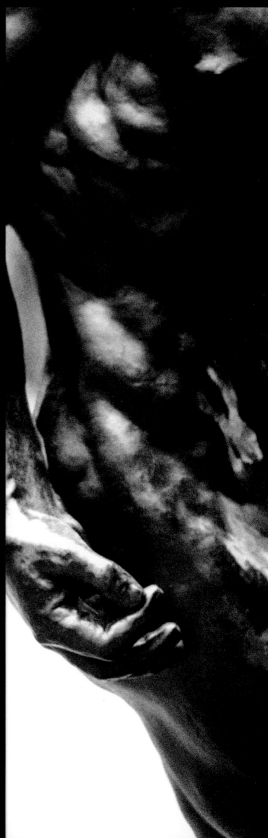

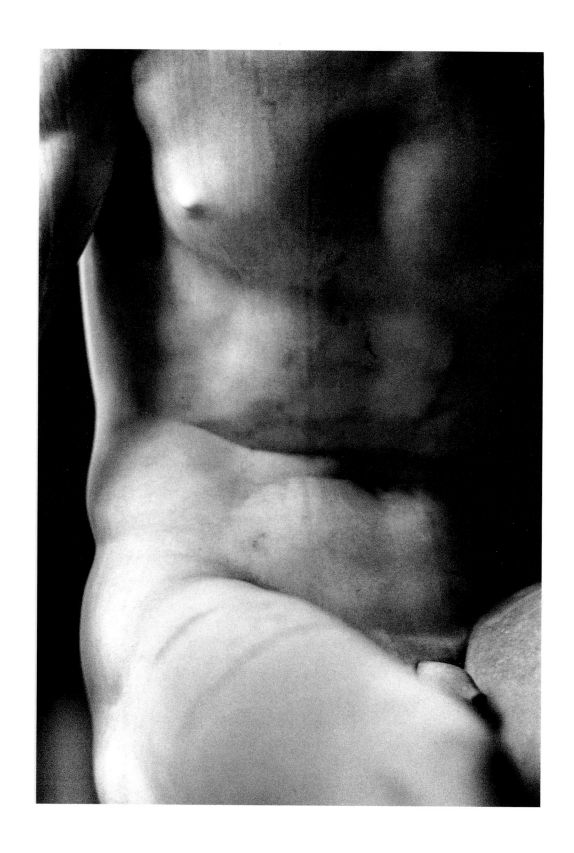

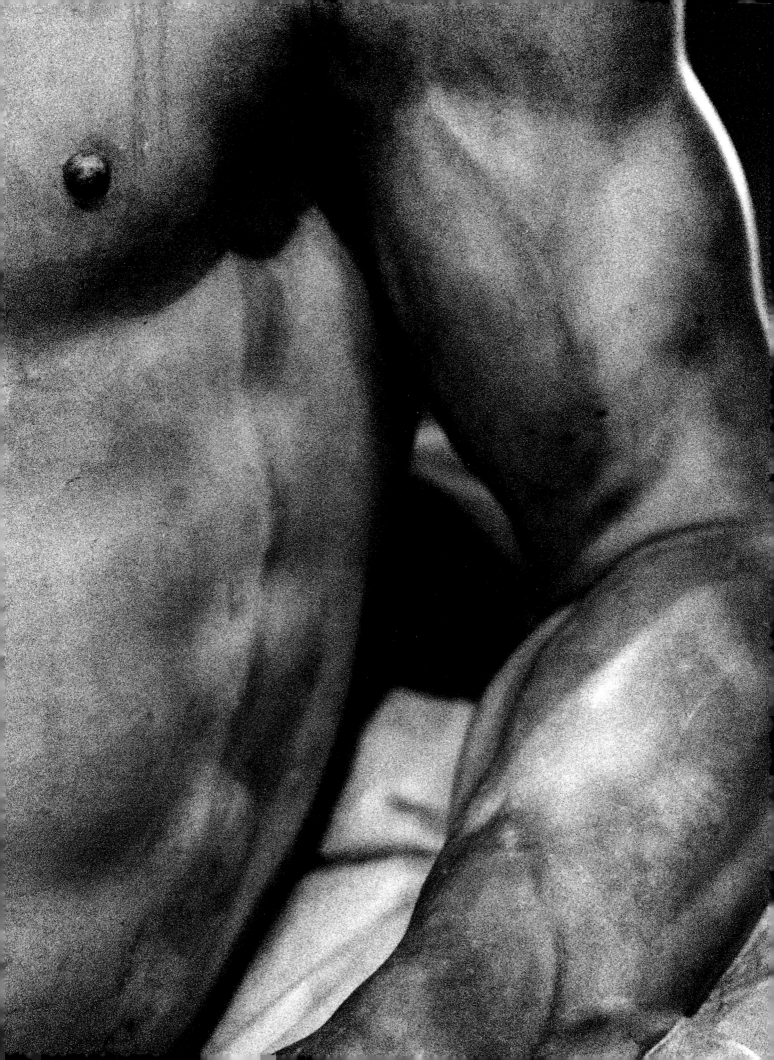

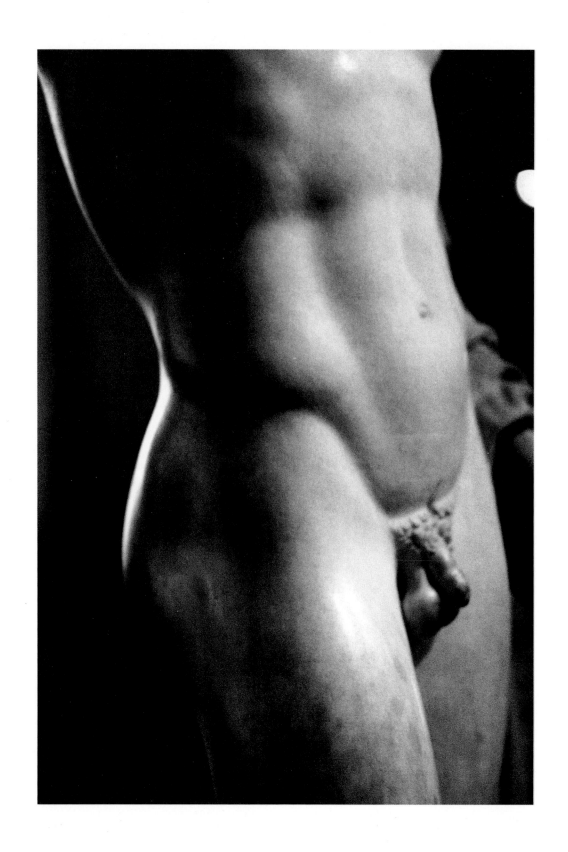

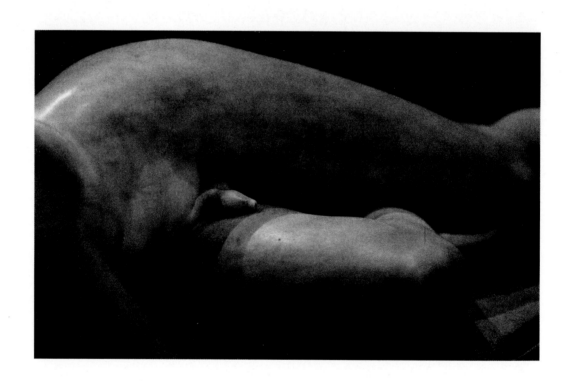

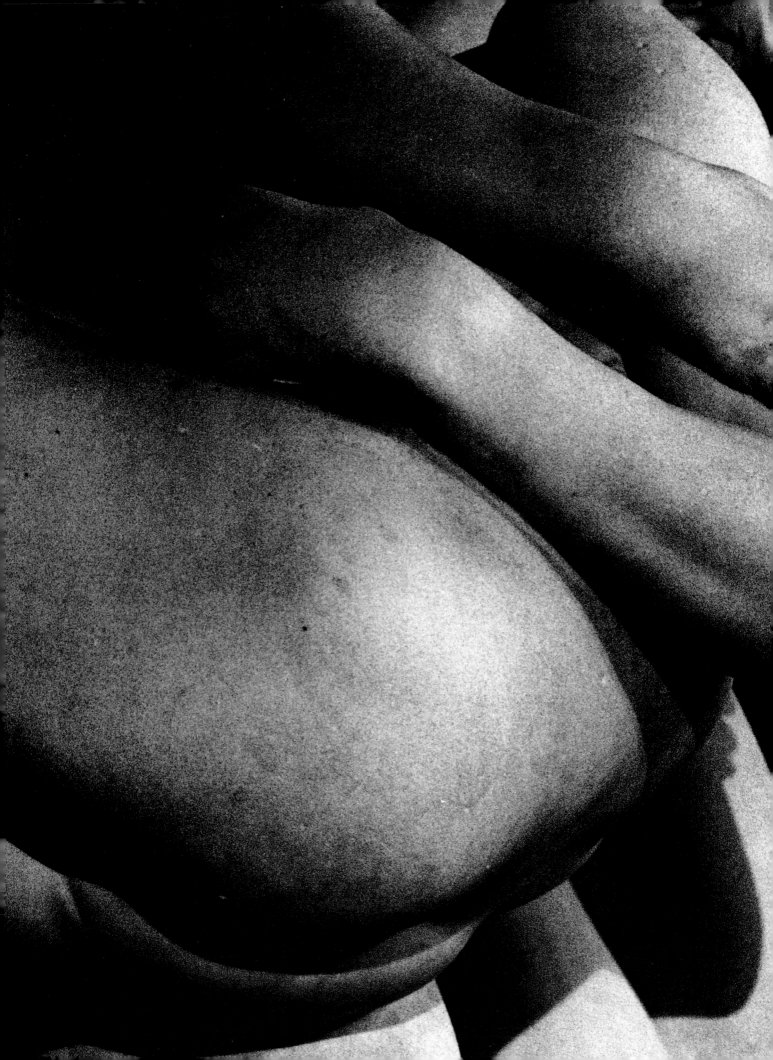

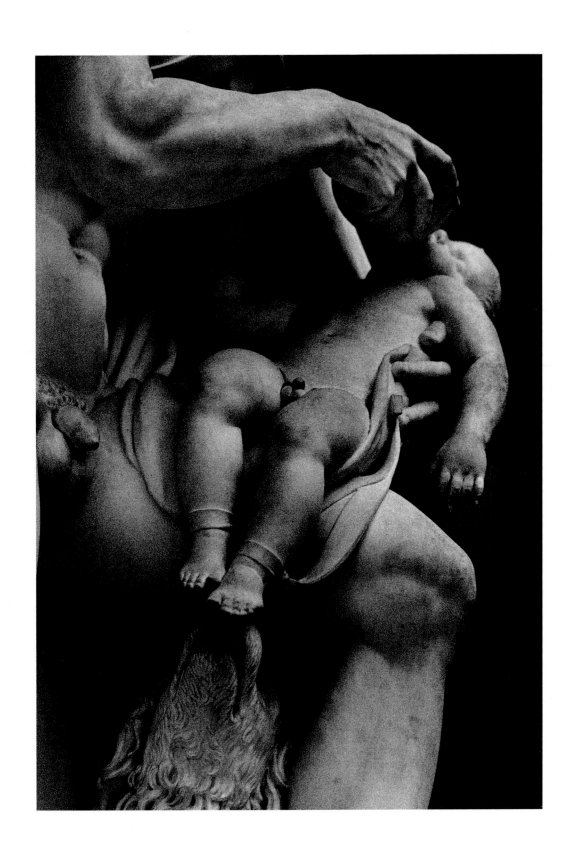

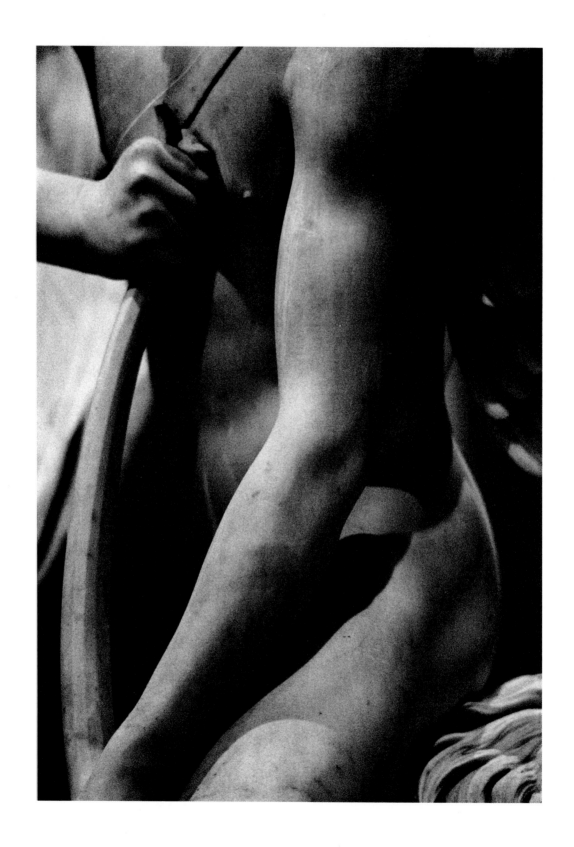

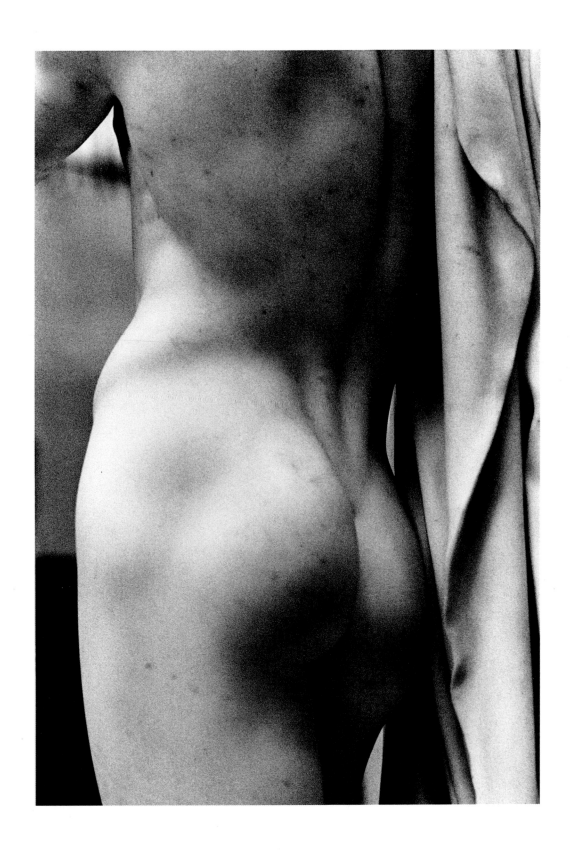

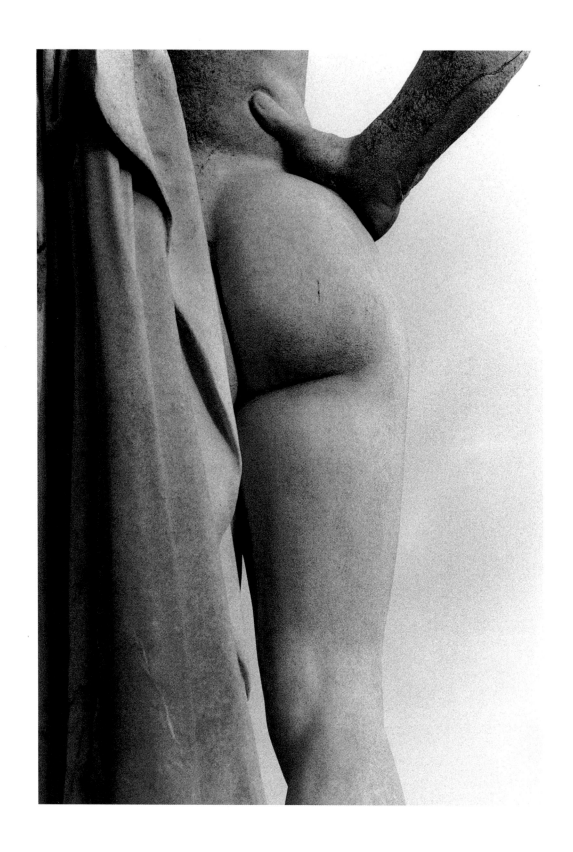

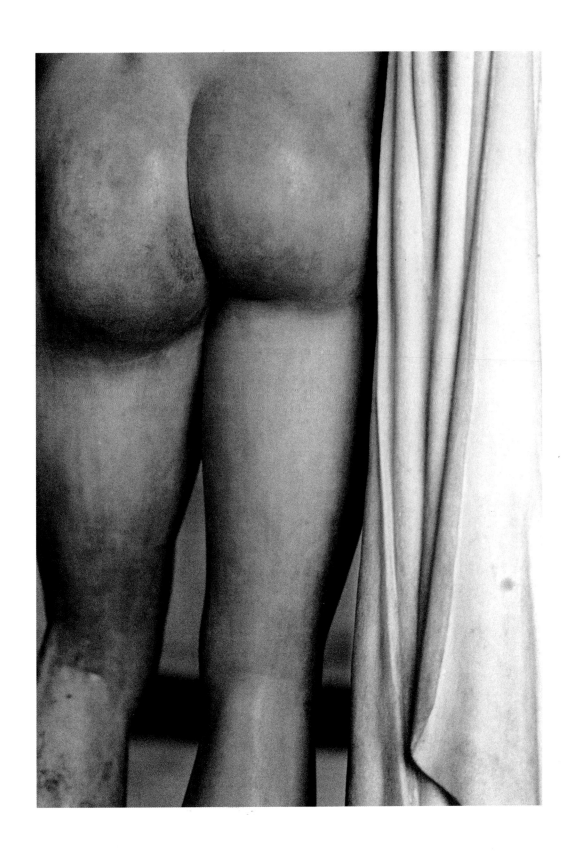

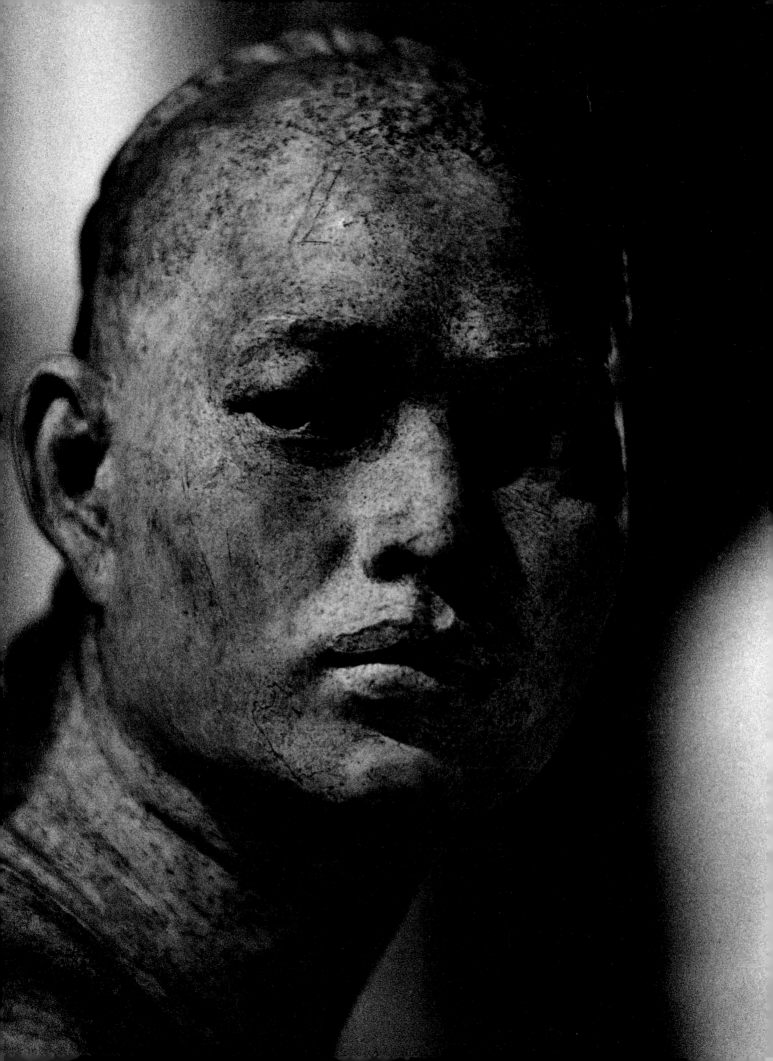

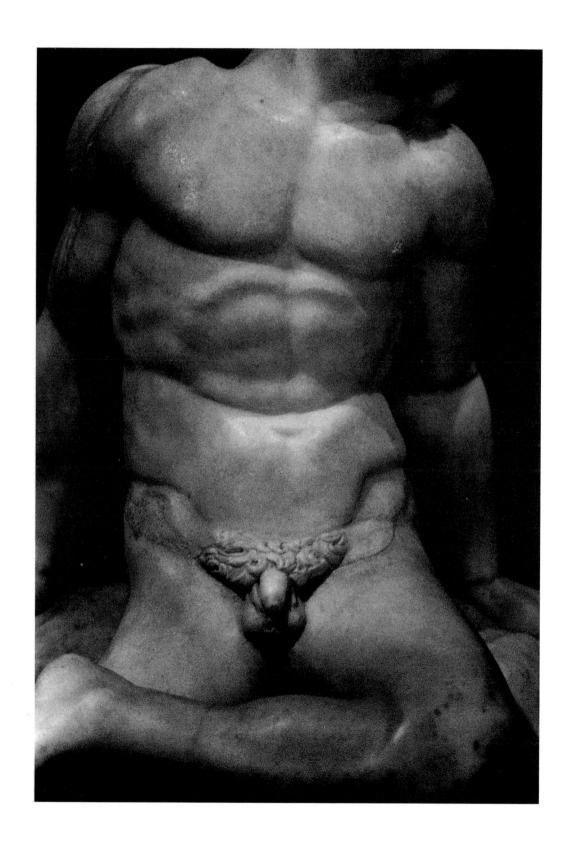

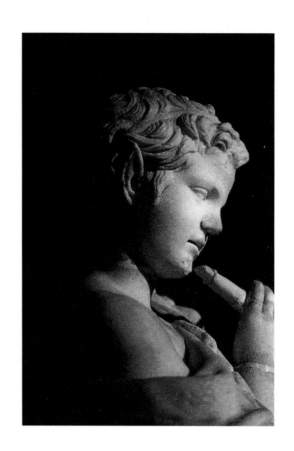

Légendes des photographies

Toutes les statues de cet album se trouvent à Paris dans des lieux ouverts au public.

Je tiens à remercier
CHRISTIAN ZACHARIASEN
CHRISTOPHE JARDIN

Cet ouvrage a été réalisé avec la collaboration
de la société WEBER ET BROUTIN

Tirages photos : Thierry AIMÉ, POITIERS

Conception graphique : EXPRIM', PARIS

exprim@imaginet.fr

Photogravure, flashage : Nicolas ATHANASSOPOULOS, ATHÈNES

Impression, façonnage : BOOKPRINT, BARCELONE

Achevé d'imprimer en septembre 1997

IMPRIMÉ DANS L'UNION EUROPÉENNE